まちごとチャイナ

Beijing 010 Changcheng
万里の長城と明十三陵
地平線へ続く「悠久の城壁」

Asia City Guide Production

【白地図】北京近郊図

CHINA
北京

北京近郊図

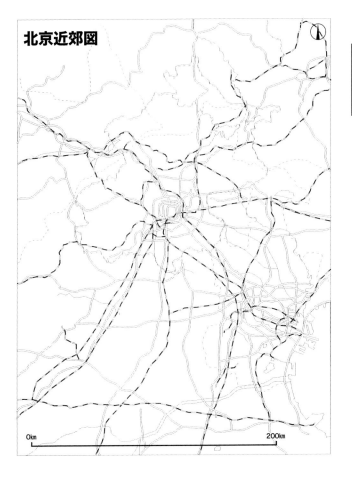

【白地図】昌平と明十三陵

CHINA
北京

【白地図】明十三陵南

CHINA
北京

明十三陵南

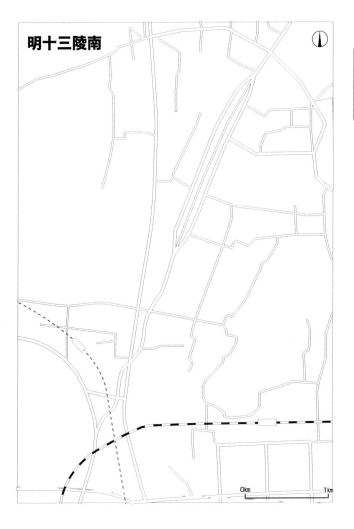

Changcheng 白地図

【白地図】明十三陵北

CHINA
北京

明十三陵北

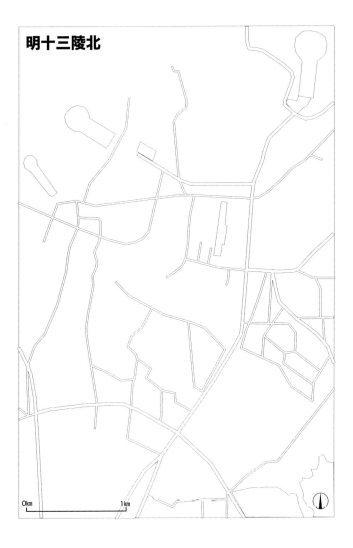

【白地図】長陵プラン図

CHINA
北京

長陵
プラン図

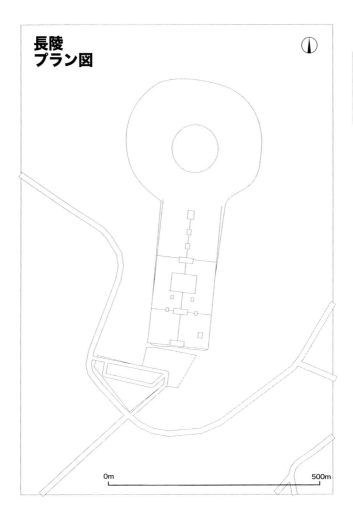

Changcheng

白地図

0m 500m

【白地図】定陵と地下宮殿

CHINA
北京

定陵と
地下宮殿

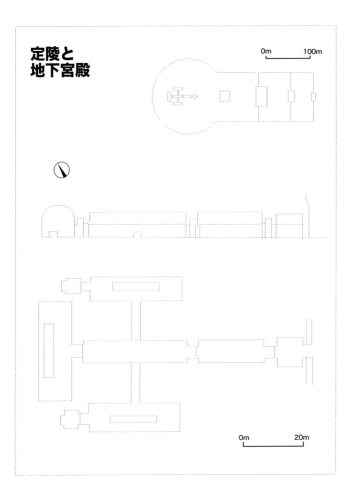

【白地図】北京北西部

北京北西部

Changcheng

白地図

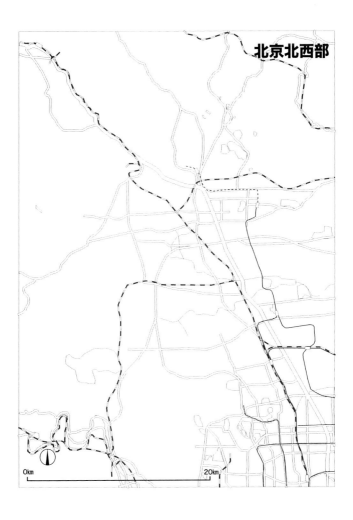

【白地図】八達嶺長城

CHINA
北京

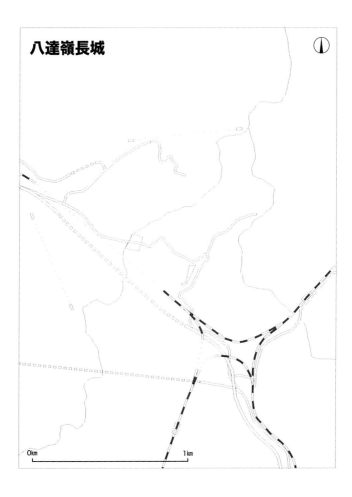

【白地図】八達嶺近郊

CHINA
北京

八達嶺近郊

Changcheng 白地図

【白地図】居庸関

CHINA
北京

【白地図】北京北部

CHINA
北京

北京北部

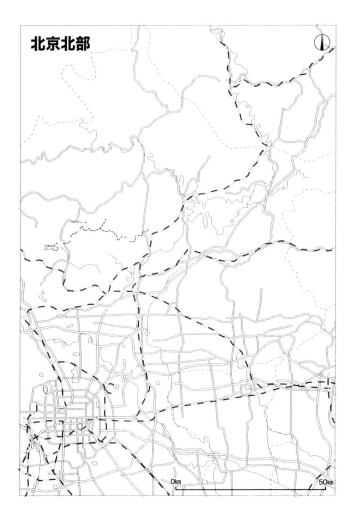

Changcheng 白地図

【白地図】慕田峪長城

【白地図】金山嶺長城

CHINA
北京

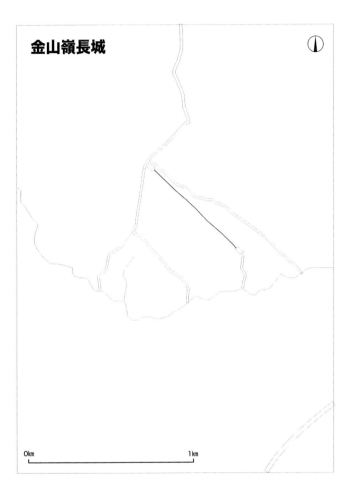

【白地図】北京北東部

CHINA
北京

北京北東部

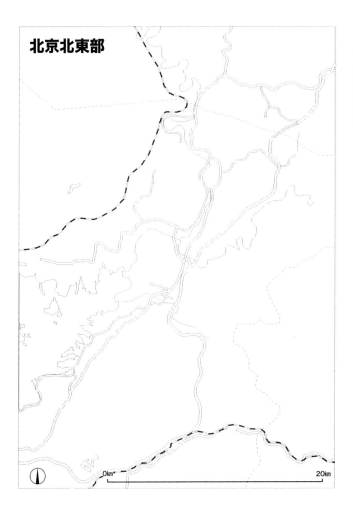

【白地図】司馬台長城

司馬台長城

Changcheng 白地図

【まちごとチャイナ】
北京 001 はじめての北京
北京 002 故宮（天安門広場）
北京 003 胡同と旧皇城
北京 004 天壇と旧崇文区
北京 005 瑠璃廠と旧宣武区
北京 006 王府井と市街東部
北京 007 北京動物園と市街西部
北京 008 頤和園と西山
北京 009 盧溝橋と周口店
北京 010 万里の長城と明十三陵

CHINA
北京

　西の嘉峪関から、大同、北京をへて渤海湾にのぞむ山海関まで、中国北部を横断するように続く万里の長城。地図上の延長2700km（またそれ以上）になる長城は人類が生んだ世界最大の建造物で、地形にあわせてうねりながら続く様子は龍にもたとえられる。

　この万里の長城は、紀元前7世紀ごろ、漢民族と敵対した北方騎馬民族の侵入を防ぐために造営されたのをはじまりとする。紀元前221年に中国を統一した秦の始皇帝によってそれまで複数あった長城がひとつにつなげられ、秦に続く漢代、

万里の長城と明十三陵
Chang Cheng

司馬遷が『史記』のなかでその長さを「万里余」と記したところから万里の長城と呼ばれるようになった（この時代の長城は今よりもはるか北にあった）。

以来、中国の歴代王朝が2000年以上に渡って修復を繰り返し、とくに明代、首都がおかれた北京をとり囲むように八達嶺長城などの長城が造営された。砂漠から海にいたる広大な国土をつらぬくように走る万里の長城は、その規模、歴史の深さからも中国を象徴する建築物だと言える。

【まちごとチャイナ】

北京 010 万里の長城と明十三陵

目次

万里の長城と明十三陵	xxxii
受け継がれてきた城壁	xxxviii
明十三陵鑑賞案内	xlvii
長城と中華の建設	lxxv
八達嶺鑑賞案内	lxxxv
北京北東城市案内	cvii
長城線をめぐる興亡	cxxvii

【MEMO】

【地図】北京近郊図

【地図】北京近郊図の [★★★]
- 明十三陵 明十三陵ミンシィサンリン
- 八達嶺長城 八达岭长城バァダァリンチャァンチャン

【地図】北京近郊図の [★★☆]
- 慕田峪長城 慕田峪长城
  ムゥティエンユゥチャァンチャン

【地図】北京近郊図の [★☆☆]
- 古北口 古北口グゥベイコウ

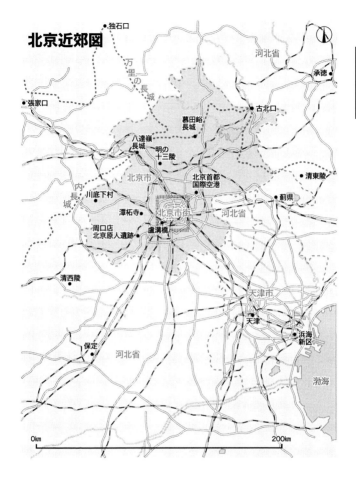

Changcheng 万里の長城と明十三陵

受け継がれてきた城壁

CHINA
北京

はるかどこまでも続く城壁
世界最大の建造物、万里の長城は
中華4000年の生き証人とも言える

世界最大の建造物

地球上でもっとも巨大な建造物である万里の長城は、西は甘粛省の嘉峪関から、中国北部の陝西省、山西省、河北省、北京へといたり、山海関で渤海湾に溶けこむ（また長城は遼寧省へと続いていく）。中国国家文物局の発表によると、明代につくられた長城の総延長は8851.8kmだが、秦漢代のものや重複部分をあわせると2万kmを超えるという。この長城は場所によって石づくりのもの、レンガ製のもの、黄土を版築で固めたものなど、さまざまな形態があり、山や河などその土地の地形が最大限に生かされている。北京近郊の長城では

▲左　中国を東西につらぬく長城は龍にもたとえられる。　▲右　異民族の侵入を防ぐため連綿と建設が続いた

城壁の高さは10mほどで、敵の襲来に対して城壁の一定区間に敵楼がもうけられ、銃眼、落石口などが備えられている（版築と呼ばれる黄土を固めたものの周囲を日干し煉瓦や石材で固定する）。

なぜ万里の長城がつくられたか

万里の長城が走る北緯40度あたりは、歴史的に農耕世界と遊牧世界をわける境界線であったことが知られる。定住して種をまき、農産物を収穫する農耕民族（漢民族）と、羊などの食料とともに季節によって放牧地を移動する遊牧民族で

【MEMO】

CHINA
北京

Changcheng | 受け継がれてきた城壁

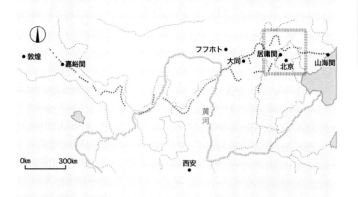

北京近郊を走る万里の長城。
内長城と外長城がある。

万里の長城

CHINA
北京

は、家族や国家、制度、思考、生活などで大きな違いがある。3000年前から北方の遊牧民族が豊かな南方の物資を求めて侵略を繰り返し、南の漢民族は国土を守るために万里の長城を築いた。古くは匈奴に対する始皇帝の秦、モンゴル（北元）に対する明によるものがそれで、両者の力関係から万里の長城は南北に移動している。また万里の長城を越えて、北魏、隋唐、遼金、元、清など北方民族が中国に王朝を樹立することもしばしばあり、元や清など農耕世界と遊牧世界をふくむ広大な国家が現れた場合、長城は意味をもたなくなった（現在の中華人民共和国は清の領土を受け継ぐ）。

▲左　銃眼が備えられた城壁、敵の襲来を防いだ。　▲右　どこまでも続いていく長城

内長城と外長城

八達嶺から居庸関などの北京北西部から山西省大同の雁門にいたるまで長城は二重に走っている。明代、モンゴルのエセンやアルタン・ハンなどが長城を突破して北京を包囲するということがあり、こうした事態を受けて、16世紀なかばには北京の防御を固めるため、内城の南に外城が築かれ、また河北省宣府鎮から山西省大同まで3000か所以上に砲火台が築かれるなど長城の整備が進んだ（歴史的にこの一帯は燕雲十六州と呼ばれ、南北の勢力による争奪の舞台になってきた）。北京北西の居庸関は内長城と外長城が交わる屈指の要

CHINA
北京

衝で、漢民族の勢力が強い場合には外長城を越えて軍営がもうけられていたが、北方民族の勢力が強い場合は内長城が最前線になった。

【MEMO】

Guide,
Ming Shi San Ling
明十三陵
鑑賞案内

北京市街から北西50kmに位置する明十三陵
40k㎡に及ぶ広大な敷地に
第3代永楽帝以後の皇帝陵墓が残る

明十三陵 明十三陵
míng shí sān líng ミンシィサンリン ［★★★］

北京市街から北西の昌平に位置し、北、西、東の三面を天寿山と大峪山に囲まれた風水上の要地に展開する明十三陵。明は1368年から1644年までの270年のあいだ中国を統治した漢民族の王朝で、明の都は当初、江南の南京にあったが、第3代永楽帝の時代に北京に遷都された。この永楽帝から明末の崇禎帝にいたる14人の皇帝のうち、第7代景泰帝をのぞく13人の皇帝の陵墓がおかれている。永楽帝の長陵に向かって神道が伸び、石牌坊、大紅門、神道、欞星門、七孔石橋と

【地図】昌平と明十三陵

【地図】昌平と明十三陵の [★★★]
- [ ] 明十三陵 明十三陵ミンシィサンリン
- [ ] 長陵 長陵チャンリン
- [ ] 定陵 定陵ディンリン

【地図】昌平と明十三陵の [★★☆]
- [ ] 神道 神道シェンダオ
- [ ] 昭陵 昭陵チャオリン

【地図】昌平と明十三陵の [★☆☆]
- [ ] 石牌坊 石牌坊シィパイファン
- [ ] 大紅門 大红门ダァホンメン

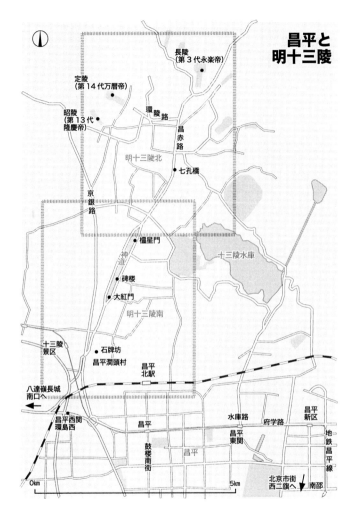

【地図】明十三陵南

【地図】明十三陵南の [★★★]
- [ ] 明十三陵 明十三陵 míng shí sān líng ミンシィサンリン

【地図】明十三陵南の [★★☆]
- [ ] 神道 神道 shén dào シェンダオ

【地図】明十三陵南の [★☆☆]
- [ ] 石牌坊 石牌坊 shí pái fāng シィパイファン
- [ ] 大紅門 大红门 dà hóng mén ダァホンメン

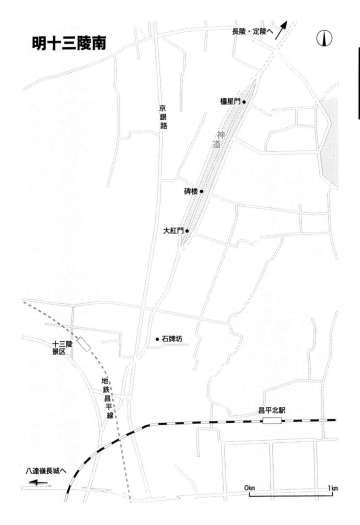

続き、金水橋をわたると陵墓にいたる。この軸線を中心に屏風のように放射状に各皇帝陵が位置し、ひとつの場所に13人の皇帝がおさめられた神聖な空間となっている。現在、明十三陵は世界遺産にも指定されている。

石牌坊 石牌坊 shí pái fāng シィパイファン ［★☆☆］
明十三陵の入口の役割を果たしている白大理石製の石牌坊。1540年に建てられたこの石牌坊は、6本の柱とそのあいだの5つの間から構成され、明代のものでもっとも保存状態がよいと言われている（幅29m、高さ11m）。基壇には漢白玉石

▲左 南京から北京へ遷都した永楽帝の眠る長陵。 ▲右 十三陵への入口にあたる石牌坊、明代に創建された姿を今に伝える

に龍などの彫刻が見られる。

大紅門 大红门 dà hóng mén ダァホンメン ［★☆☆］

石牌坊から1km北に進んだところに立つ大紅門（大宮門とも呼ばれる）。かつて大紅門から皇帝陵を囲むように陵垣が左右に伸び、ここから先は明朝皇帝が眠る神聖な空間（陵域）となっていた。そのため、明代、皇帝が先祖の供養に訪れたとき、皇帝はここで下馬し、脇にあった小宮で衣服をあらためてから歩いて陵へと向かった（門前には下馬碑が立つ）。

【MEMO】

CHINA
北京

▲左　大紅門より先は皇帝でさえも2本の足で歩いた。　▲右　神道を守る武官、巨大な体躯を見せる

神道 神道 shén dào シェンダオ ［★★☆］

大紅門から長陵に向かって伸びる長さ2.6kmの神道。両脇には巨大な石から彫り出された、参道を守る石人と石獣が配置され、南から獅子、獬豸、駱駝、象、麒麟、馬、武官、文官、勲臣の順番で4体ずつ計36体ならぶ（ふたつは立ち、ふたつは坐っている）。これらの石彫りの彫像は、1435年に長陵が改修されたときにつくられたもので、中国では秦漢の時代から陵に石人や石獣を配置するという伝統があった。

【地図】明十三陵北

【地図】明十三陵北の [★★★]
- ☐ 長陵 长陵 cháng líng チャンリン
- ☐ 定陵 定陵 dìng líng ディンリン

【地図】明十三陵北の [★★☆]
- ☐ 昭陵 昭陵 zhāo líng チャオリン
- ☐ 神道 神道 shén dào シェンダオ

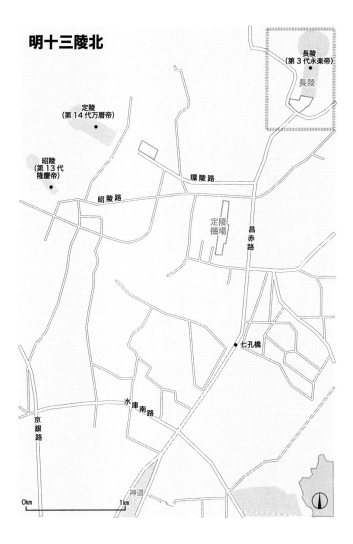

【地図】長陵プラン図

【地図】長陵プラン図の [★★★]
- [ ] 長陵 长陵チャンリン

【地図】長陵プラン図の [★☆☆]
- [ ] 碑亭 碑亭ベイティン
- [ ] 稜恩殿 稜恩殿ランエンディエン
- [ ] 明楼 明楼ミンロゥウ
- [ ] 宝頂 宝顶バオディン

長陵
プラン図

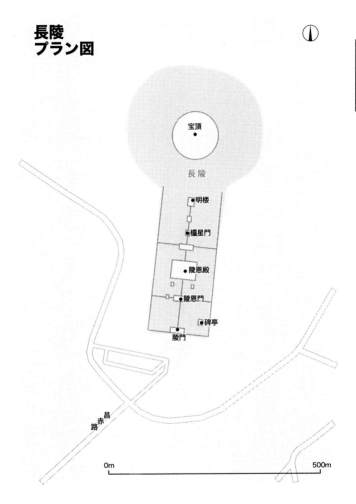

「明最強の皇帝」永楽帝

14世紀、元を北方に追いやって樹立された明朝。のちの永楽帝朱棣（洪武帝の第4子）は、対モンゴルの最前線である北京の守備をまかされていた。洪武帝死後、第2代建文帝が南京で即位すると、永楽帝は叛旗をひるがえして帝位を奪い（靖難の変）、自身の拠点であった北京へ遷都した。この永楽帝は自ら軍をひきい、5度も長城を越えたモンゴル討伐の遠征に出るなど、中国史上、もっとも武勇に優れた皇帝だと言われる。また鄭和を南海に派遣して明朝の栄光をインド洋から東アフリカに示すなど華々しい外交成果をあげた（鄭和に

▲左 長陵の中心に立つ稜恩殿、故宮の太和殿に対応する。　▲右 明代の衣装、文官と武官で異なる

よってアフリカのキリンがもたらされ、足利義満を日本王に封じている)。内政面では『四書大全』『五経大全』『永楽大典』などの編纂を命じる一方、宦官を重用し、その後の明朝宮廷を混乱させる一因にもなった。

長陵 长陵 cháng líng チャンリン ［★★★］

石牌坊、大紅門、神道の軸線上に位置し、明十三陵のなかで最大規模を誇る長陵。第3代永楽帝(廟号成祖、1360～1424年)が眠り、この陵を中心に明十三陵は屏風のように展開する。1402年に皇帝に即位した永楽帝は南京から北京

CHINA
北京

へ遷都し、紫禁城を造営するなど「永楽の盛時」と呼ばれる時代を築いた。明の皇帝陵の敷地は、永楽帝の在位中に整備され、長陵は1415年に完成している。

陵の構成

明十三陵ではいずれも決まった構成が見られ、南北の軸線上に陵門、陵恩門、陵の中心にあたる陵恩殿、陵名を記す石碑の立つ明楼、宝頂へと続き、宝頂の地下に皇帝が眠る地下宮殿が配置されている。この様式は南京にある洪武帝の孝陵からはじまり、明以後の清の皇帝陵でも受け継がれることに

▲左　高さ15mの城門のうえに立つ明楼。　▲右　皇帝の墓碑が見える

なった（黄色の瑠璃瓦は皇帝のみが使用を許された）。またこれらの陵を守るためそれぞれ衛が設置されたが、やがて陵墓全体を守る昌平鎮がおかれた。

碑亭 碑亭 bēi tíng ベイティン ［★☆☆］

巨大な亀のうえに高さ6.5mの大明長陵神功聖徳碑が立つ碑亭。1425年、第4代洪熙帝が永楽帝のために建立したもので、背面には清の第6代乾隆帝による哀明陵三十韻が刻まれている。四方に開けた開放的な建物となっている。

稜恩殿 稜恩殿 léng ēn diàn ランエンディエン ［★☆☆］

長陵の中核をなし、大理石の基壇上に間口67m、奥行き30mという巨大な木造建築が載る稜恩殿（故宮の太和殿にもくらべられる）。建物内部には永楽帝の命で、雲南や四川から運ばれた金糸楠木が33本の円柱が立ち、中央には皇帝の位牌が安置されている。この稜恩殿の南北2か所の出入口の石階段には海馬や龍の彫刻が見られる。

明楼 明楼 míng lóu ミンロォウ ［★☆☆］

稜恩殿の背後に位置し、宝頂の前面にそびえる明楼。高さ15mの城門のうえの楼閣内に、大きな石づくりの墓碑が安置され、表面には大明成祖文皇帝之陵（成祖は永楽帝）と記されている。また龍文や雲気文の彫刻も見られる。

宝頂 宝顶 bǎo dǐng バオディン ［★☆☆］

長陵のもっとも北側に位置する円丘の宝頂。この宝頂のしたに皇帝が眠る地宮が造営されている。

【地図】定陵と地下宮殿

【地図】定陵と地下宮殿の [★★★]
- [ ] 定陵 定陵ディンリン

【地図】定陵と地下宮殿の [★★☆]
- [ ] 地下宮殿 地下宮殿ディイシャアゴンディエン

【地図】定陵と地下宮殿の [★☆☆]
- [ ] 中殿 中殿チョンディエン
- [ ] 後殿 后殿ホウディエン

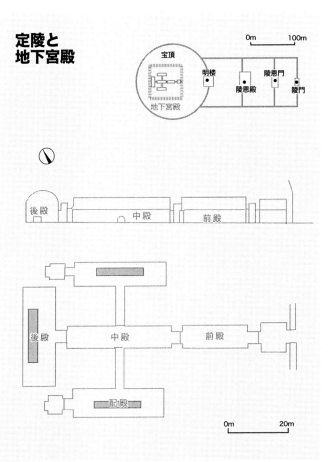

北京

定陵 定陵 dìng líng ディンリン ［★★★］

長陵から南西に 2.2km 離れた定陵には、明の第 14 代万暦帝（廟号神宗、1563〜1620 年）とふたりの皇后が埋葬されている。6 年の歳月、銀 800 万両、3 万人あまりの職人の労力が投じられ、定陵は 1590 年に完成した。この陵に眠る万暦帝は政治のほとんどを宦官にゆだね、その統治期間に農民は困窮し、黄河が決壊するなど社会不安が増大していた。くわえて豊臣秀吉の朝鮮出兵やのちに清朝を樹立するヌルハチの満州軍などに応じる万暦の三大征が組まれたことから、軍事費のための大増税が行なわれ、「明の亡（ほろ）ぶは、実は

▲左 軸線上に建物をおく原理でつらぬかれている。　▲右 宝頂のちょうど真下、皇帝の眠る地下宮殿

神宗（万暦帝）に亡ぶ」と言われている。地下宮殿が公開されている。

地下宮殿 地下宮殿
dì xià gōng diàn ディイシャアゴンディエン ［★★☆］

地下 20m の深さに広がる定陵の地下宮殿。前殿、中殿、後殿が中軸線上にならび、その左右の玄室をくわえて構成される。全長 88m、高さ 7m、面積は 1195㎡で、柱がなく、天井は石のアーチで支えられている。万暦帝はこの地下宮殿が完成したとき、宮殿の堅固さを喜び、ここで群臣と祝宴をあげ

たのだという。定陵の発掘は、1956年から1958年にかけて行なわれ、多数の出土品が確認された。

中殿 中殿 zhōng diàn チョンディエン ［★☆☆］
地下宮殿の中心に位置する中殿。漢白玉石の宝座が3つおかれ、それぞれ五供と青花磁の大瓶、また香炉、燭台、花瓶などがそえられていた。大瓶のなかには油が入っていて、皇帝が埋葬されたあとも、地下宮殿を照らす長明灯の役割を果たしていたという(実際は酸素がなくなり、すぐに火は消えた)。

後殿 后殿 hòu diàn ホウディエン ［★☆☆］

後殿は墓室になっていて、中央に万暦帝の棺、その左右にふたりの皇后の棺がおかれていた。棺の周囲には26個の木箱があり、鳳冠など副葬品が多数出土した。この墓室が発掘されたとき、死体は腐敗していたが、頭髪は残っていたと伝えられる。

北京

定陵博物館 定陵博物馆
dìng líng bó wù guǎn ディンリンボォウゥガン ［★☆☆］

定陵の地下宮殿から発掘された金銀財宝が展示されている定陵博物館 。定陵からは金器、銅器、陶磁器、織物、玉、杯、装身具などが2000点以上発見され、とくに六龍三鳳冠と呼ばれる金冠と皇后の鳳冠は明代の傑作にあげられる。

▲左　長陵、定陵にくらべてこぢんまりとしている。　▲右　明第13代隆慶帝の昭陵

昭陵 昭陵 zhāo líng チャオリン ［★★☆］

長陵の南西、定陵の近くに位置する明第13代隆慶帝が眠る昭陵（廟号穆宗、1537～1572年）。隆慶帝は優秀な官僚である張居正を登用し、政治、経済、軍事において改革を推進した賢明な君主として知られる。長陵、定陵とくらべて規模や華麗さではおとるが、碑亭、稜恩殿、明楼から宝頂へいたる皇帝陵墓の構造が見られる。この昭陵には隆慶帝とふたりの李氏、陳氏という3人の皇后が合葬され、李氏の子が第14代万暦帝として即位した。

長城と中華の建設

モンゴル族の元を北方に追いやって樹立された明
漢民族の栄光を示す一方
北虜南倭に苦しんだ時代でもあった

北京へ遷都

もともと明の都は南京にあり、豊かな江南の経済を背景とした国力をもっていたが、1403年、第3代永楽帝の時代に万里の長城に近く、モンゴルへの最前線である北京（北平）へ遷都された（正式な遷都は1421年で、このとき南京に対して北の都を意味する北京という名前が使われ、以後、明清代、中華人民共和国の首都が北京におかれることになった）。北京の地は北方から見ると農耕世界への入口で、また南方から見ると遊牧世界への入口に位置した。元以後も北方で力を残し、たびたび明の領土をおびやかすモンゴルに対して、万里

の長城が築かれ、主要な関所に九辺鎮がおかれた。明代について使われる北虜南倭という言葉は、北方のモンゴルと南方の倭寇が明の領土を侵すことを意味する。

皇帝を中心とした秩序や礼制

10世紀以降、華北の地は遼、金、元と北方民族の統治を受けていたが、1368年、漢民族の朱元璋（洪武帝）によって明が建国されると、皇帝を中心とする中華の秩序に基づく国づくりが進められた。対外的にはモンゴルや日本など明の周辺国とのあいだで朝貢貿易が行なわれ、第3代永楽帝の時代

▲左 北京に遷都した永楽帝、堂々したたたずまい。　▲右 北京の中心に位置する故宮、明代に創建された

に天を地上に映したという紫禁城とその周囲をとり囲む27kmの城壁をめぐらせた内城が建設された。またたびたび明の領土をおびやかし、北京にまでせまるモンゴルに対して、第12代嘉靖帝は周囲22kmからなる外城を内城の南側においたため、北京の街は凸型のかたちをもつようになった。この時代（16世紀）、北京の四方を囲むように天壇、地壇、日壇、月壇が整備され、冬至に天を、夏至に大地をまつる礼制がととのえられ、その街の構成は現在でも確認できる。

北京

宦官の横暴と明滅亡

「漢、唐、明といった王朝は宦官によって滅んだ」と言われ、宦官を排した初代洪武帝などの例外をのぞいて、明朝では宦官が宮廷に跋扈し、政治を左右するほどの影響力をもっていた（宦官とは去勢して宮廷などに仕える男子のことで、中国では春秋戦国時代から清朝にいたるまで国を動かすほどの権力をもった）。宦官になれば科挙を受けることなく権力を得られ、皇帝に暇をあたえないほどの贅沢三昧をさせて、明朝政治の実権は宦官がにぎった。3000人の宦官募集に2万人の志願者が出るほどで、明代末期には9000人の女官、10万

▲左　紅壁、黄色の瑠璃瓦、ドーム状の門をもつ。　▲右　明十三陵が位置する昌平の街

人の宦官がいたと言われ、国家滅亡の要因になったと指摘される。万暦帝時代の遠征費などで税があがり、くわえて1627年、1628年に起こった干害で明はゆらぎ、陝西省から起こった李自成のひきいる農民反乱軍が北京にせまった。第17代崇禎帝は宦官を連れ、紫禁城北の景山にのぼって縊死し、270年続いた明朝は滅んだ（1644年）。

北京

明十三陵に納められた皇帝

第3代永楽帝（成祖）在位1402～1424年

第4代洪熙帝（仁宗）在位1424～1425年

第5代宣徳帝（宣宗）在位1425～1435年

第6代正統帝、第8代天順帝（英宗）

　在位1435～1449年、1457～1464年

第9代成化帝（憲宗）在位1464～1487年

第10代弘治帝（孝宗）在位1487～1505年

第11代正徳帝（武宗）在位1505～1521年

第12代嘉靖帝（世宗）在位1521～1566年

第13代隆慶帝（穆宗）在位1566～1572年

第14代万暦帝（神宗）在位1572～1620年

第15代泰昌帝（光宗）在位1620年

第16代天啓帝（熹宗）在位1620～1627年

第17代崇禎帝（毅宗）在位1628～1644年

　明朝初代洪武帝（在位1368～1398年）、第2代建文帝（在位1398～1402年）の時代は南京を首都とし、第3代永楽帝の時代に北京へ遷都された。第6代正統帝がモンゴルにとらえられる土木の変の混乱のなかで、第7代景泰帝（在位1449～1457年）は王として死んだため、十三陵にはまつられていない（のちに帝号が復活された）。

【MEMO】

CHINA
北京

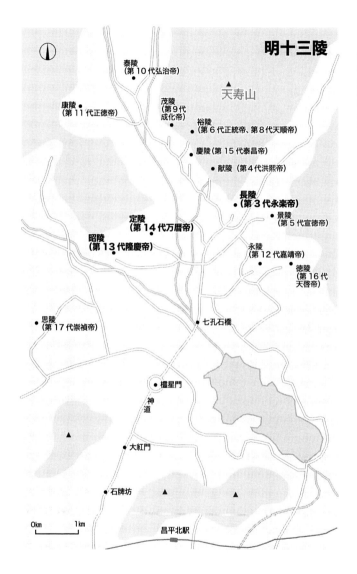

Guide,
Ba Da Ling Chang Cheng
八達嶺
鑑賞案内

北京市街から北西に70km
龍のようにうねりながら地平へ続き
華麗な姿を見せる八達嶺長城

街道が走る美しい峡谷

北京とモンゴル高原を結び、歴史的には北方民族が華北平原に侵入した街道上に位置する八達嶺長城。天然の要害となっている険しい峡谷が20kmに渡って続き、その南側の入口である南口に対して、八達嶺は北側の入口となっている（この峡谷は関溝と呼ばれ、険しい山が連なる要衝として知られてきた）。北京市街から見て峡谷の入口にあたる南口（標高103m）、そこから10km先の居庸関（標高330m）、居庸関から3kmの上関所と居庸三関が続き、さらに南口から18kmの青龍橋（標高603m）、八達嶺と北京を守るために数重の防御

【地図】北京北西部

【地図】北京北西部の [★★★]
- [ ] 明十三陵 明十三陵 ミンシィサンリン
- [ ] 長陵 长陵 チャンリン
- [ ] 定陵 定陵 ディンリン
- [ ] 八達嶺長城 八达岭长城 バァダァリンチャァンチャン

【地図】北京北西部の [★★☆]
- [ ] 居庸関 居庸关 ジュウヨンガァン

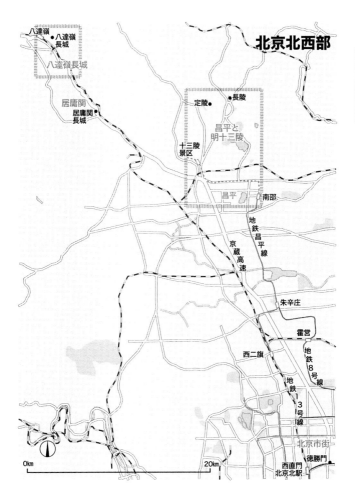

【地図】八達嶺長城の [★★★]
- 八達嶺長城 八达岭长城 バァダァリンチャァンチャン

CHINA
北京

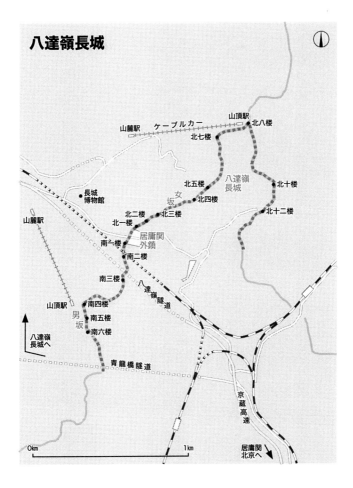

CHINA
北京

体制がとられている。あたりの緑が深いことから燕京八景の
ひとつ「居庸畳翠」にあげられ、琴の音のような泉のわく聴
琴峡、空気のすんだ日には北京が見えたという望京石などの
景勝地がある。

八達嶺長城 八达岭长城 bā dá lǐng cháng chéng
バァダァリンチャァンチャン [★★★]

八達嶺長城はモンゴルの攻撃から北京を守る城壁として
1506年に建造された（八達嶺という名前は四通八達からと
られている）。城壁には塼（ひとつ2、30kgになるというレ

▲左 南口から八達嶺へ続く険しい道。 ▲右 北京からもっともかんたんに行ける万里の長城

ンガ)と巨大な石がもちいられ、ほぼ完全な姿を残している。長城の南側に居庸関外鎮がおかれ、そこから南北に城壁が続いていく。陰陽思想から北側に女坂、南側に男坂という名前がつけられていて、毛沢東が詠った『不到長城非好漢（長城に到らざれば好漢にあらず)』の碑も残る。

関城 关城 guān chéng グァンチャン [★☆☆]

脈々と東西に続く万里の長城にあって、南北に街道が走る要衝には関城と呼ばれる軍事拠点がおかれていた。これらの拠点は長城関口、また堡、営や口とも呼ばれ、居庸関外鎮にあ

たる八達嶺のほか、古北口や張家口といった関所が知られる。こうした関城では兵士が駐屯し、敵の攻撃に備えて防御機能がもうけられた（城門外にさらに半径型の甕城を築くなどして守備力の強化をはかった）。

城壁 城墙 chéng qiáng チャンチィアン ［★★☆］
戦乱や争いの絶えなかった中国では、外壁で内部を囲んで侵入者から身を守るという原則があり、壁で家を囲む四合院、都市を囲む城壁、その延長上に国を守る万里の長城が位置づけられるという。八達嶺長城では城壁の高さは9m、幅は上

▲左　八達嶺長城は対モンゴルの前線基地だった。　▲右　美しい姿を見せる八達嶺長城

部4～5m、底部では9mになり、敵の来襲に備えて銃眼が開けられている。

敵楼 敌楼 dí lóu ディイロウ ［★★☆］

万里の長城では、城壁の一定間隔（100m程度）ごとに敵楼と呼ばれる防御拠点がおかれていた。内部は兵士の居住空間となっているほか、武器や食料などが備えられていた。八達嶺長城では中央から外側に向かって一楼、二楼と続き、北八楼は標高888mになる。

▲左　騎馬民族から国土を守る堅牢な城壁。　▲右　一定間隔ごとにおかれている敵楼

狼煙台 烽火台 fēng huǒ tái フェンフゥオタイ ［★☆☆］

敵の襲来を知らせる狼煙台。最前線の守備隊が敵を発見すると狼煙をあげて、それを後方部隊に伝えた。狼の糞を燃やすと真っ直ぐにあがることからこの名前がつけられた（材料には狼以外のものも使われた）。

【MEMO】

▲左　八達嶺長城近くの村にて、山の稜線にそって長城が見える。　▲右　冬の八達嶺長城、冷え込みは厳しい

水関長城 水关长城 shuǐ guān cháng chéng
シュイガァンチャァンチャン［★☆☆］

八達嶺長城の東に位置する水関長城。16世紀、明代の名将、戚継光によって建てられたもので、険しい地形のなか城壁が続いていく。

【MEMO】

【地図】八達嶺近郊

【地図】八達嶺近郊の [★★★]
- [ ] 八達嶺長城 八达岭长城 バァダァリンチャァンチャン

【地図】八達嶺近郊の [★★☆]
- [ ] 居庸関 居庸关 ジュウヨンガァン

【地図】八達嶺近郊の [★☆☆]
- [ ] 水関長城 水关长城 シュイガァンチャァンチャン
- [ ] 長城コミューン 长城脚下的公社 チャァンチャンジャオシャアダァゴンシェ

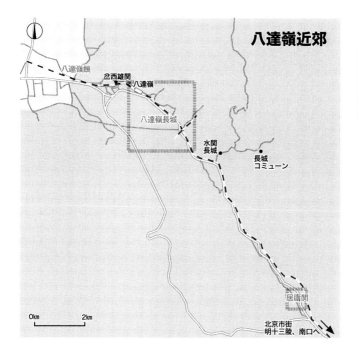

長城コミューン 长城脚下的公社 cháng chéng jiǎo xià de gōng shè チャァンチャンジャオシャアダァゴンシェ[★☆☆]

長城コミューンは八達嶺長城の近くに築かれた高級別荘で、雄大な自然にとけこむように建物が点在する（敷地は8平方kmにおよぶ）。12人の建築家が参加してプロジェクトは進み、なかでも竹が効果的に使われた「竹の家」や「竹の家具の家」などが知られる。

▲左　天下第一雄関の額がかかっている。　▲右　雲台に記された西夏文字

居庸関 居庸关 jū yōng guān ジュウヨンガァン ［★★☆］

居庸関は北方民族の本拠であるモンゴル高原からゴビ砂漠、北京へと通じる街道上に位置する関所で、古来、さまざまな民族がここを通って北京へと向かった（居庸関という名前は、長城建設の工事をになう人々がこの地に移住させられたという意味の「徒居庸徒」に由来する）。前漢の時代には居庸関の存在が確認されていて、とくに元代には「夏の都」上都と北京を結ぶ地理上の要地として、また明代には首都北京を防衛する軍事拠点として「天下第一雄関」「天下九塞の一」と呼ばれていた。現在の居庸関は、明の初代洪武帝時代に徐達

▲左　居庸関の雲台、上部に装飾が見える。　▲右　中国激動の歴史の舞台となってきた長城

が改築したもので、峡谷にあわせて高度差のある長城が続くほか、元代の雲台も残る。

雲台 云台 yún tái ユンタァイ ［★★☆］

居庸関に残る白大理石の雲台は、元代の1345年に建てられたもので、中央にアーチ型の門道をもつ（高さ9.5m、幅26.84m、基部の奥行き17.57m）。この雲台には横書きのサンスクリット文字、チベット文字、パスパ文字、ウイグル文字、縦書きの西夏文字、漢字という6種類の文字による陀羅尼経呪と造塔功徳記が彫られ、元代、広大な領土のなかでさまざ

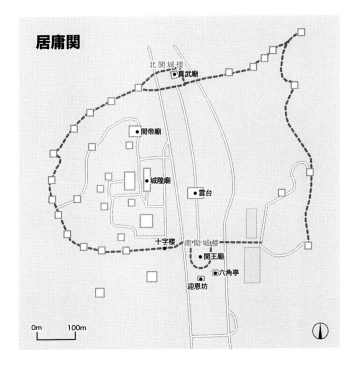

まな人種がこの関所を行き交ったことを示している（パスパ文字は、フビライ・ハンに仕えたチベット仏教僧である国師パスパが、1269年につくった文字）。また美術上の価値がきわめて高い大鵬金翅鳥、鯨や龍の彫刻また広目天、多聞天、増長天、持国天の四天王像も見られる。かつてはこの雲台の上部に交通安全と平安のために仏塔が建てられていた。

CHINA
北京

屯田兵と為替の発達

古く中原と呼ばれた黄河中流域から見て、北方の辺境地帯にあたる長城地帯の防衛には屯田兵が派遣された。屯田兵は平時は農業を行なって食料を自給自足し、北方民族の来襲時には軍人となった。この屯田兵の軍営地に続いて県城をもうけ、罪人などを移住させることで漢民族は支配領域を北へ伸ばしていった。明代になると長城の防衛に膨大な数の人、物資が必要となり、長城への物資を運ぶなかで山西商人が台頭した(北方と南方を結ぶ山西省に地の利があった)。盛んになる遠隔地交易とともに、実際の銀(重く危険がともなう)を必要としない小切手にあた

る券が発行され、全国の支店で現金にすることができる為替業務が山西商人によって確立された。こうして票号と呼ばれる近代的な銀行業務、為替業務が中国でも発展するようになった。

Guide,
Mu Tian Yu-Gu Bei Kou
北京北東
城市案内

首都北京を覆うように走る長城
慕田峪長城、金山嶺長城など
美しい姿を見せる城壁が続く

慕田峪長城 慕田峪长城 mù tián yù cháng chéng
ムゥティエンユゥチャァンチャン ［★★☆］

北京市街の北方80kmに位置する慕田峪長城。八達嶺長城の美しさ、金山嶺長城の険しさをあわせもち、2250mにわたって城壁が続いていく。古くは南北朝時代の5～6世紀に建造されたと伝えられ、現在のものは明代に居庸関と古北口を結ぶために改築された（4世紀、北方から南下して北魏、それに続く東魏、西魏、北斉、北周を樹立した鮮卑族も、さらに北方の騎馬民族から国土を防衛するために長城を築いた。また北辺を守る鮮卑族の武川鎮閥から隋や唐が出てきた）。明

【地図】北京北部

【地図】北京北部の [★★★]
- [ ] 金山嶺長城 金山岭长城 ジンシャンリンチャァンチャン

【地図】北京北部の [★★☆]
- [ ] 慕田峪長城 慕田峪长城 ムゥティエンユゥチャァンチャン
- [ ] 司馬台長城 司马台长城 スーマァタイチャァンチャン

【地図】北京北部の [★☆☆]
- [ ] 古北口 古北口 グゥベイコウ

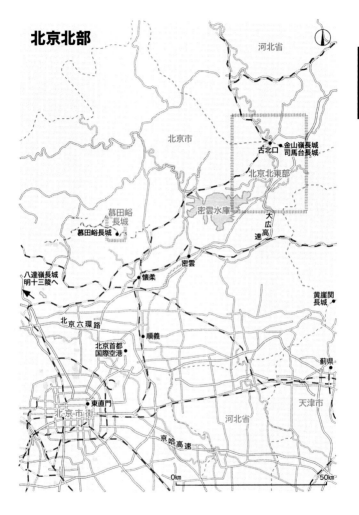

【地図】慕田峪長城

【地図】慕田峪長城の [★★☆]
□ 慕田峪長城 慕田峪长城
　ムゥティエンユゥチャァンチャン

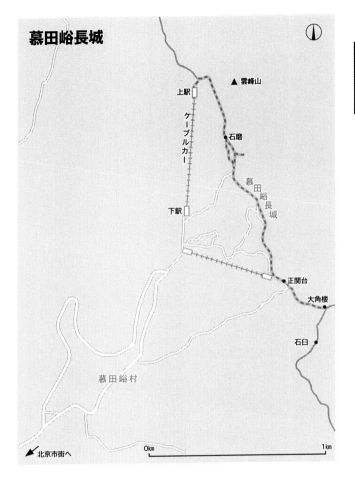

▲左　古北口近く、市街部とは異なってのんびりとした時間が流れる。　▲右　かつて北京ではラクダの隊商が見られた

代、数々の長城建設で知られ、北方の軍事任務にあたった薊鎮総兵の戚継光が、東は山海関から西は慕田峪までの900kmを管轄していたと伝えられる。

古北口 古北口 gǔ běi kǒu グゥベイコウ ［★☆☆］

古北口は張家口、独石口などとならんで北京とモンゴル高原を結ぶ街道が走る交通の要衝。燕がこのあたりに長城を築き、唐代には古北口にも軍事拠点がおかれるなど古くからその存在が知られ、遼代に山海関が開かれるまでここが東北と北京を結ぶ街道だった。明代の1378年に古北口に周囲2km

【MEMO】

▲左　丁寧に塼（レンガ）が積みあげられている。　▲右　市街から北京北西部へ伸びる道路

の営城が築かれる一方、1550年、モンゴルのアルタン・ハンが古北口から北京に侵入し、北京城を包囲する庚戌の変が起こっている（また中国に侵入した遼の耶律阿保機、金の都へおもむいた宋の使者、上都と大都を移動する元などが古北口を通った）。清朝時代には、皇帝が夏の離宮である熱河や清朝発祥の瀋陽を結ぶ要衝となった。古北口の南側には、北京の貴重な水瓶となっている密雲水庫が位置する。

【MEMO】

【地図】金山嶺長城の [★★★]
- 金山嶺長城 金山岭长城 ジンシャンリンチャァンチャン

CHINA
北京

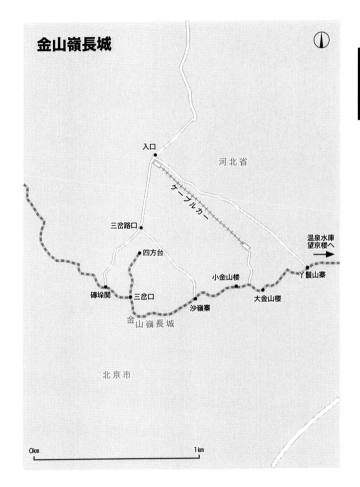

CHINA
北京

▲左　万里の長城でもっとも美しいと言われる金山嶺長城。　▲右　古北口一帯の長城を造営した戚継光の像

金山嶺長城 金山岭长城 jīn shān lǐng cháng chéng
ジンシャンリンチャァンチャン ［★★★］

北京市街から130km北東に走る金山嶺長城。北京郊外でもひときわ険しい山稜の地形が利用され、もっとも美しい長城にあげられる。明代の1570年、倭寇討伐でも知られた名将の戚継光によって築かれ、全長50kmの長城には158の敵楼が立ち、上部の幅は4mあり、馬5頭が並走できるのだという。近くの古北口がモンゴルの突破地点となっていたこともあり、弓を打つための小さな矢狭間、石を落としなど優れた軍事設備を有している。秦代の長城はさらに北へ100kmの地点

【MEMO】

▲左 地形にあわせて長城は造営された。 ▲右 司馬台と金山嶺長城は比較的近い距離に位置する

にあった（金山嶺長城は河北省に位置する）。

司馬台長城 司马台长城 sī mǎ tái cháng chéng
スーマァタイチャァンチャン ［★★☆］

司馬台長城は、金山嶺長城の東側に続く古北口長城の一部で、険しい山の傾斜にあわせて長城が全長19kmにわたって走っている。16世紀後半、明代に戚継光によって建造され、一定おきに敵の来襲を見張る135の敵楼が立つ。天梯と呼ばれる60度の急斜面の階段、天橋、986mの地点にかつて北京市街の灯が見えたという望京楼がある。

【MEMO】

【地図】北京北東部

【地図】北京北東部の [★★★]
- [ ] 金山嶺長城 金山岭长城 ジンシャンリンチャァンチャン

【地図】北京北東部の [★★☆]
- [ ] 司馬台長城 司马台长城 スーマァタイチャァンチャン

【地図】北京北東部の [★☆☆]
- [ ] 古北口 古北口 グゥベイコウ

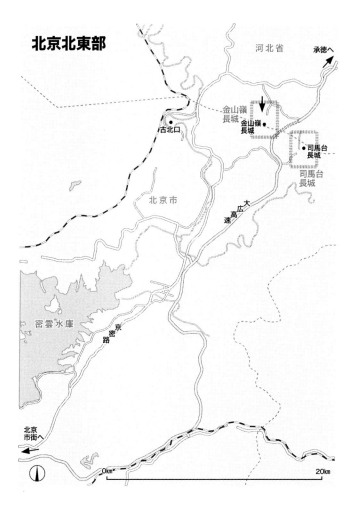

【地図】司馬台長城の [★★☆]

☐ 司馬台長城 司马台长城 スーマァタイチャァンチャン

司馬台長城

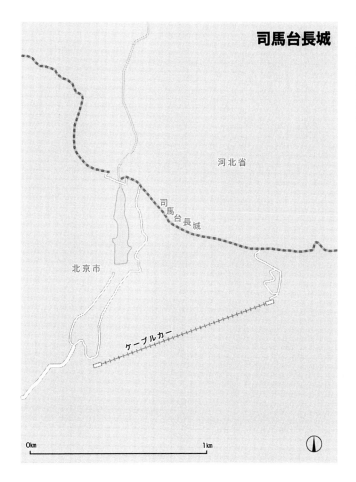

長城線をめぐる興亡

始皇帝の時代から繰り返されてきた
漢民族と北方民族の熾烈な争い
それは農耕世界と遊牧世界の衝突でもあった

古代万里の長城（紀元前7〜1世紀）

万里の長城は、春秋戦国時代の紀元前7世紀ごろ北方民族の侵入を防ぐために秦、趙、燕といった国が築いたことにはじまり、紀元前221年に始皇帝が中国を統一すると、それらの長城をつなぎあわして整備された。始皇帝は30万人の兵をひきいる蒙恬を派遣して北方の匈奴からオルドスを奪うなど、この時代の長城は今の長城よりもはるか北にあった（始皇帝時代の長城は土を固めて築かれ、明代のものとは姿が異なる）。一方で始皇帝が死去し、匈奴の冒頓単于がモンゴル高原を統一すると、紀元前198年、漢の高祖（劉邦）が山西

北京

省北部で匈奴に包囲されるなど、北方民族の勢力が強くなり、漢民族は劣勢におちいった。この状況が変わったのが、漢の第7代武帝の時代で、黄河に沿って長城が修築され、河西回廊まで漢民族の勢力は広がった。

繰り返される長城の建設（4〜14世紀）

北方民族が南下して王朝を樹立するいうことは、中国の歴史を通じて行なわれてきた。後漢代には騎馬民族が長城内にも集住するようになり、4世紀の五胡十六国にはじまり、鮮卑族の北魏、隋唐、モンゴル族の遼、元、満州族の金、清など

▲左 「不到長城非好漢我到了」長城に到らざれば好漢にあらず、私は到った。
▲右 四方を厚い壁で囲まれた四合院住宅、八達嶺長城近くの村で

の北方民族が万里の長城を越えて征服王朝を樹立した（北方民族の移動は気候の変動に関係があると言われ、4世紀の五胡十六国時代と同時期に、西欧ではフン族の侵入を受け、西ローマ帝国が滅亡している）。これらの王朝は、例外をのぞいてさらに北方の騎馬民族から国土を守るため長城を築き、また北京から山西省北部にいたる燕雲十六州は南北の勢力の争奪地帯となった（燕は北京、雲は山西省北部）。一方で、フビライ・ハンの朝廷を訪れ、中国各地の精緻な記録を残しているマルコ・ポーロが万里の長城について記していないことからも、ユーラシアの広大な地域に領土をもった元の時代

【MEMO】

長城の変遷

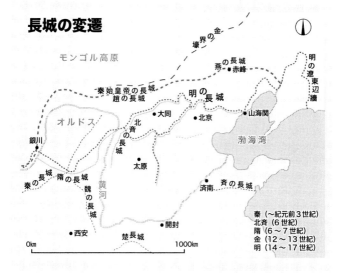

秦（〜紀元前3世紀）
北斉（6世紀）
隋（6〜7世紀）
金（12〜13世紀）
明（14〜17世紀）

Changcheng 長城線をめぐる興亡

北辺の長城を秦の始皇帝がつなぎあわせた
春秋戦国の長城『万里の長城』
（青木富太郎／近藤出版社）をもとに作成

CHINA
北京

は長城が意味をなさなくなっていたと言われる。

渤海湾から砂漠にいたる長城の建設（14 〜 20 世紀）

明は元をモンゴル高原に追いやって建国されたが、モンゴルは北方で強い軍事力をもち、明の北辺をおびやかした。そのため、万里の長城を築いてモンゴルから国土を守ることが明朝にとってなによりの課題となり、明代の長城建設は過去にないほど大規模なものになった（第3代永楽帝の時代は長城を越えて遠征に出たが、やがてモンゴルに対して守勢にまわった）。東の山海関から西の嘉峪関にいたる長城には九辺

▲左　長城はところどころ急な角度になる。　▲右　地平線にまで続いていく長城

鎮と呼ばれる軍事拠点がおかれ、また長城線で馬市を開いてモンゴル側の金銀、馬、牛、羊、皮革と中国側の絹布、米、麦などが交換された。このような状況でも、モンゴルはやすやすと長城を突破し、1445年にはエセンによって第6代正統帝が捕虜となる土木の変、1550年にはアルタン・ハンに北京城が包囲される庚戌の変が起こった。第12嘉靖帝（在位1521～1566年）の時代、初年に59万両だった北辺軍事費は1550年の庚戌の変のときは220万両にまで増大していた。モンゴル（北元）と明の領域双方を統治した清朝の時代になると、長城はふたたび無用の長物となった。

参考文献

―――――――――――――――――――――――――――――――

『長城の中国史 中華 VS. 遊牧六千キロの攻防』(阪倉篤秀 / 講談社)

『万里の長城』(青木富太郎 / 近藤出版社)

『万里の長城攻防三千年史』(来村多加史 / 講談社)

『居庸関』(村田治郎・藤枝晃 / 京都大学工学部)

『永楽帝』(寺田隆信 / 人物往来社)

『北京の史蹟』(繭山康彦 / 平凡社)

『中国世界遺産の旅1』(石橋崇雄 / 講談社)

『世界大百科事典』(平凡社)

[PDF] 北京空港案内 http://machigotopub.com/pdf/beijingairport.pdf

[PDF] 北京空港シャトルバス路線図 http://machigotopub.com/pdf/beijingairportbus.pdf

[PDF] 北京地下鉄路線図 http://machigotopub.com/pdf/beijingmetro.pdf

[PDF] 地下鉄で「北京めぐり」 http://machigotopub.com/pdf/metrowalkbeijing.pdf

[PDF] 北京新都心 CBD 案内 http://machigotopub.com/pdf/beijingcbdmap.pdf

まちごとパブリッシングの旅行ガイド

Machigoto INDIA , Machigoto ASIA , Machigoto CHINA

【北インド - まちごとインド】

001 はじめての北インド
002 はじめてのデリー
003 オールド・デリー
004 ニュー・デリー
005 南デリー
012 アーグラ
013 ファテーブル・シークリー
014 バラナシ
015 サールナート
022 カージュラホ
032 アムリトサル

【西インド - まちごとインド】

001 はじめてのラジャスタン
002 ジャイプル
003 ジョードプル
004 ジャイサルメール
005 ウダイプル
006 アジメール（プシュカル）
007 ビカネール
008 シェカワティ
011 はじめてのマハラシュトラ
012 ムンバイ
013 プネー
014 アウランガバード
015 エローラ
016 アジャンタ
021 はじめてのグジャラート
022 アーメダバード
023 ヴァドダラー（チャンパネール）
024 ブジ（カッチ地方）

【東インド - まちごとインド】

002 コルカタ
012 ブッダガヤ

【南インド - まちごとインド】

001 はじめてのタミルナードゥ
002 チェンナイ
003 カーンチプラム
004 マハーバリプラム
005 タンジャヴール
006 クンバコナムとカーヴェリー・デルタ
007 ティルチラパッリ
008 マドゥライ
009 ラーメシュワラム
010 カニャークマリ
021 はじめてのケーララ
022 ティルヴァナンタプラム
023 バックウォーター（コッラム〜アラップーザ）
024 コーチ（コーチン）
025 トリシュール

【ネパール - まちごとアジア】

001 はじめてのカトマンズ
002 カトマンズ
003 スワヤンブナート

004 パタン
005 バクタプル
006 ポカラ
007 ルンビニ
008 チトワン国立公園

【バングラデシュ - まちごとアジア】

001 はじめてのバングラデシュ
002 ダッカ
003 バゲルハット（クルナ）
004 シュンドルボン
005 プティア
006 モハスタン（ボグラ）
007 パハルプール

【パキスタン - まちごとアジア】

002 フンザ
003 ギルギット（KKH）
004 ラホール
005 ハラッパ
006 ムルタン

【イラン - まちごとアジア】

001 はじめてのイラン
002 テヘラン
003 イスファハン
004 シーラーズ
005 ペルセポリス
006 パサルガダエ（ナグシェ・ロスタム）
007 ヤズド
008 チョガ・ザンビル（アフヴァーズ）
009 タブリーズ

010 アルダビール

【北京 - まちごとチャイナ】

001 はじめての北京
002 故宮（天安門広場）
003 胡同と旧皇城
004 天壇と旧崇文区
005 瑠璃廠と旧宣武区
006 王府井と市街東部
007 北京動物園と市街西部
008 頤和園と西山
009 盧溝橋と周口店
010 万里の長城と明十三陵

【天津 - まちごとチャイナ】

001 はじめての天津
002 天津市街
003 浜海新区と市街南部
004 薊県と清東陵

【上海 - まちごとチャイナ】

001 はじめての上海
002 浦東新区
003 外灘と南京東路
004 淮海路と市街西部
005 虹口と市街北部
006 上海郊外（龍華・七宝・松江・嘉定）
007 水郷地帯（朱家角・周荘・同里・甪直）

【河北省 - まちごとチャイナ】

001 はじめての河北省
002 石家荘
003 秦皇島
004 承徳
005 張家口
006 保定
007 邯鄲

【江蘇省 - まちごとチャイナ】

001 はじめての江蘇省
002 はじめての蘇州
003 蘇州旧城
004 蘇州郊外と開発区
005 無錫
006 揚州
007 鎮江
008 はじめての南京
009 南京旧城
010 南京紫金山と下関
011 雨花台と南京郊外・開発区
012 徐州

【浙江省 - まちごとチャイナ】

001 はじめての浙江省
002 はじめての杭州
003 西湖と山林杭州
004 杭州旧城と開発区
005 紹興
006 はじめての寧波
007 寧波旧城
008 寧波郊外と開発区
009 普陀山
010 天台山
011 温州

【福建省 - まちごとチャイナ】

001 はじめての福建省
002 はじめての福州
003 福州旧城
004 福州郊外と開発区
005 武夷山
006 泉州
007 厦門
008 客家土楼

【広東省 - まちごとチャイナ】

001 はじめての広東省
002 はじめての広州
003 広州古城
004 天河と広州郊外
005 深圳(深セン)
006 東莞
007 開平(江門)
008 韶関
009 はじめての潮汕
010 潮州
011 汕頭

【遼寧省 - まちごとチャイナ】

001 はじめての遼寧省
002 はじめての大連
003 大連市街
004 旅順
005 金州新区

006 はじめての瀋陽
007 瀋陽故宮と旧市街
008 瀋陽駅と市街地
009 北陵と瀋陽郊外
010 撫順

【重慶 - まちごとチャイナ】

001 はじめての重慶
002 重慶市街
003 三峡下り（重慶〜宜昌）
004 大足

【香港 - まちごとチャイナ】

001 はじめての香港
002 中環と香港島北岸
003 上環と香港島南岸
004 尖沙咀と九龍市街
005 九龍城と九龍郊外
006 新界
007 ランタオ島と島嶼部

【マカオ - まちごとチャイナ】

001 はじめてのマカオ
002 セナド広場とマカオ中心部
003 媽閣廟とマカオ半島南部
004 東望洋山とマカオ半島北部
005 新口岸とタイパ・コロアン

【Juo-Mujin（電子書籍のみ）】

Juo-Mujin 香港縦横無尽
Juo-Mujin 北京縦横無尽
Juo-Mujin 上海縦横無尽

【自力旅游中国 Tabisuru CHINA】

001 バスに揺られて「自力で長城」
002 バスに揺られて「自力で石家荘」
003 バスに揺られて「自力で承徳」
004 船に揺られて「自力で普陀山」
005 バスに揺られて「自力で天台山」
006 バスに揺られて「自力で秦皇島」
007 バスに揺られて「自力で張家口」
008 バスに揺られて「自力で邯鄲」
009 バスに揺られて「自力で保定」
010 バスに揺られて「自力で清東陵」
011 バスに揺られて「自力で潮州」
012 バスに揺られて「自力で汕頭」
013 バスに揺られて「自力で温州」

【車輪はつばさ】
南インドのアイラヴァテシュワラ寺院には建築本体に車輪がついていて寺院に乗った神さまが人びとの想いを運ぶと言います。

・本書はオンデマンド印刷で作成されています。
・本書の内容に関するご意見、お問い合わせは、発行元のまちごとパブリッシング info@machigotopub.com までお願いします。

まちごとチャイナ
北京010万里の長城と明十三陵
～地平線へ続く「悠久の城壁」 [モノクロノートブック版]

2017年11月14日　発行

著　者	「アジア城市（まち）案内」制作委員会
発行者	赤松　耕次
発行所	まちごとパブリッシング株式会社
	〒181-0013　東京都三鷹市下連雀4-4-36
	URL http://www.machigotopub.com/
発売元	株式会社デジタルパブリッシングサービス
	〒162-0812　東京都新宿区西五軒町11-13
	清水ビル3F
印刷・製本	株式会社デジタルパブリッシングサービス
	URL http://www.d-pub.co.jp/

MP086

ISBN978-4-86143-220-0 C0326　　　Printed in Japan
本書の無断複製複写（コピー）は、著作権法上での例外を除き、禁じられています。